Campeones de la World Series: Los St. Louis Cardinals

El lanzador Bob Gibson

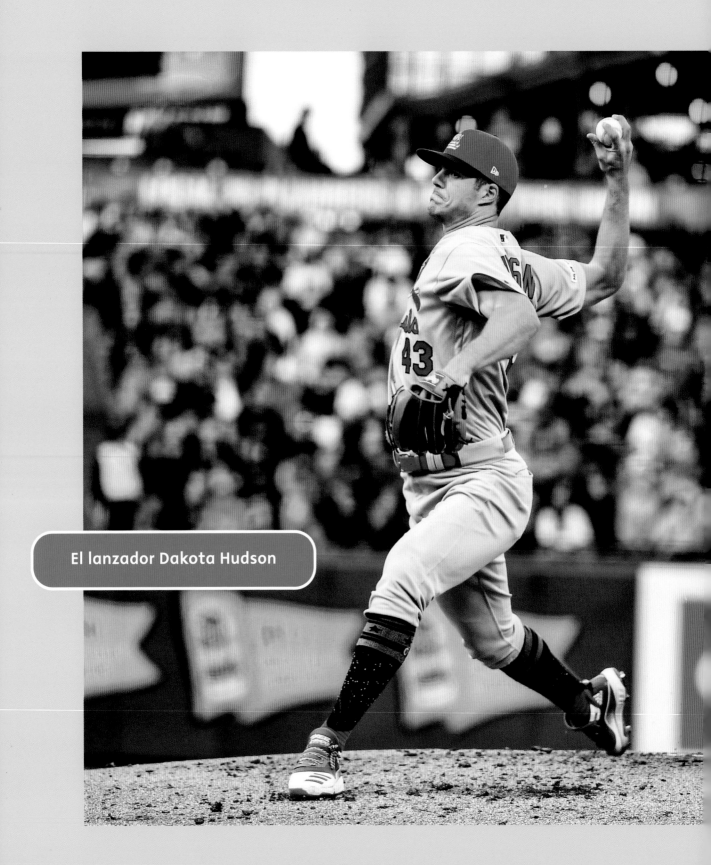

El lanzador Dakota Hudson

CAMPEONES DE LA WORLD SERIES

LOS ST. LOUIS CARDINALS

MICHAEL E. GOODMAN

CREATIVE SPORTS

CREATIVE EDUCATION/CREATIVE PAPERBACKS

Publicado por Creative Education y Creative Paperbacks
P.O. Box 227, Mankato, Minnesota 56002
Creative Education y Creative Paperbacks son marcas
editoriales de The Creative Company
www.thecreativecompany.us

Dirección de arte por Tom Morgan
Diseño y producción por Ciara Beitlich
Editado por Joe Tischler

Fotografías por Alamy (Cal Sport Media, UPI), Corbis (Diamond
Images, Robert Riger), Dreamstime (f11photo), Getty (Bettmann,
Elsa, G Fiume, Focus on Sport, Otto Greule Jr., Thearon W.
Henderson, National Baseball Hall of Fame, Ezra Shaw)

Library of Congress Cataloging-in-Publication Data
Names: Goodman, Michael E., author.
Title: Los St. Louis Cardinals / [by Michael E. Goodman].
Description: [Mankato, Minnesota] : [Creative Education and
    Creative Paperbacks], [2024] | Series: Creative sports. Campeones
    de la World Series | Includes index. | Audience: Ages 7-10 years
    | Audience: Grades 2-3 | Summary: "Elementary-level text and
    engaging sports photos highlight the St. Louis Cardinals' MLB World
    Series wins and losses, plus sensational players associated with
    the professional baseball team such as Albert Pujols"-- Provided
    by publisher.
Identifiers: LCCN 2023015538 (print) | LCCN 2023015539 (ebook) |
    ISBN 9781640269569 (library binding) | ISBN 9781682775066
    (paperback) | ISBN 9781640269804 (ebook)
Subjects: LCSH: St. Louis Cardinals (Baseball team)--History--Juvenile
    literature. | St. Louis Perfectos (Baseball team)--History--Juvenile
    literature. | St. Louis Browns (Baseball team: 1883-1898)--History-
    -Juvenile literature. | World Series (Baseball)--History--Juvenile
    literature. | National League of Professional Baseball Clubs-
    -Juvenile literature. | Major League Baseball (Organization)--
    History--Juvenile literature. | Baseball--Missouri--Saint Louis--
    History--20th century--Juvenile literature.
Classification: LCC GV875.S74 G66318 2024 (print) | LCC GV875.S74
    (ebook) | DDC 796.357/640977866--dc23/eng/20230412

Impreso en China

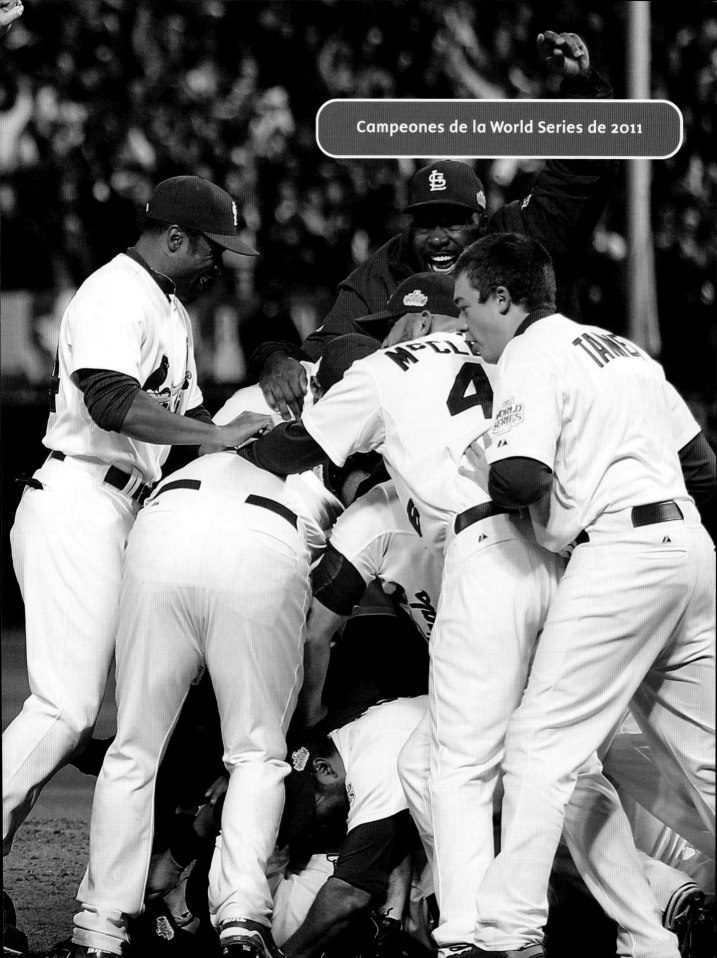

El campocorto Ozzie Smith

CONTENIDO

El hogar de los Cardinals

St. Louis, Missouri, es una ciudad grande en la región central de los Estados Unidos. Un bello **arco** de 600 pies (182 m) se eleva por encima de la ciudad. El **estadio** Busch Stadium se encuentra cerca de allí. Es el hogar de un equipo de béisbol llamado los Cardinals.

Los St. Louis Cardinals son un equipo de béisbol de la Major League Baseball (MLB). Compiten en la División Central de la National League (NL). Sus **rivales** son los Chicago Cubs. Todos los equipos de la MLB quieren ganar la World Series y convertirse en campeones. ¡Los Cardinals han ganado la World Series 11 veces!

ST. LOUIS CARDINALS

El jardinero/primera base Stan Musial

Nombrando a los Cardinals

El equipo jugó por primera vez en 1882. Los jugadores usaban calcetines y gorras marrones. Luego, los nuevos dueños hicieron un cambio. Hicieron que los jugadores vistieran con calcetines de color rojo brillante y camisas con bordes rojos. Un escritor dijo que parecían aves rojas vivaces llamadas cardenales. Pronto todos empezaron a llamar al equipo los "Cardinals," o los "Cards," para abreviar.

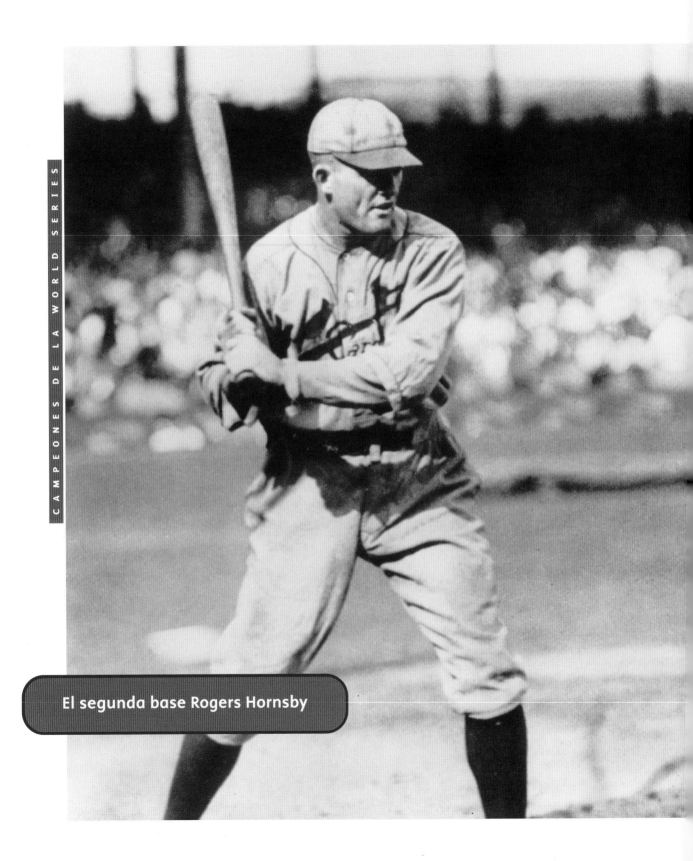

El segunda base Rogers Hornsby

Historia de los Cardinals

El club fue conocido primero como los Brown Stockings. En 1900, se convirtieron en los Cardinals. Tuvieron muchas temporadas perdedoras. Luego, en 1915, el segunda base de bateo fuerte Rogers Hornsby se unió al equipo. Lideró la NL en bateo seis veces para St. Louis. ¡Incluso bateó más de .400 tres veces! En 1926, Hornsby jugó y dirigió el equipo. Los empujó a su primer **título** de la World Series.

Los Cardinals capturaron dos campeonatos más en la década de 1930. Dizzy Dean abrió el camino en 1934. Fue el último lanzador de la NL en ganar 30 partidos en una temporada. Los Cards ganaron tres títulos más en la década de 1940. Fueron liderados por el jardinero Stan "the Man" Musial. Jugó 22 temporadas en St. Louis. Fue elegido para el Juego de Estrellas 20 de esos años.

El lanzador Dizzy Dean

El jardinero Lou Brock

En la década de 1960, el veloz Lou Brock fue un gran bateador y robador de bases. La bola rápida del lanzador Bob Gibson dominó a muchos bateadores. Brock y Gibson llevaron al equipo a títulos en 1964 y 1967. Los Cards volvieron a ganar la World Series en 1982. El campocorto Ozzie Smith hizo muchas jugadas de defensa magníficas. Los aficionados lo llamaron "The Wizard of Oz" (el mago de Oz).

Los Cardinals han llegado a las **eliminatorias** 16 veces desde el 2000. El catcher Yadier Molina los ayudó a obtener dos títulos más. Él ganó nueve Gold Gloves. Los mejores defensores los ganan.

Otras estrellas de los Cardinals

El jugador de cuadro Frankie Frisch jugó en cuatro World Series con los Cardinals. También dirigió al equipo al campeonato en 1934.

En 12 temporadas con los Cardinals, el primera base Albert Pujols bateó 469 jonrones. Su bateo le ayudó a ganar tres premios al jugador más valioso de la NL.

El primera base Albert Pujols

El primera base Paul Goldschmidt

Los aficionados de St. Louis cuentan con el primera base Paul Goldschmidt y el tercera base Nolan Arenado. ¡Esperan que estas estrellas lleven pronto otro título al Busch Stadium!

Sobre los Cardinals

CAMPEONES DE LA WORLD SERIES

Comenzaron a jugar en: 1882

....

Liga/división: Liga Nacional, División Central

....

Colores del equipo: rojo y azul marino

....

Estadio local: Busch Stadium

....

CAMPEONATOS DE LA WORLD SERIES:

1926, 4 juegos a 3, venciendo a los New York Yankees

1931, 4 juegos a 3, venciendo a los Philadelphia Athletics

1934, 4 juegos a 3, venciendo a los Detroit Tigers

1942, 4 juegos a 1, venciendo a los New York Yankees

1944, 4 juegos a 2, venciendo a los St. Louis Browns

1946, 4 juegos a 3, venciendo a los Boston Red Sox

1964, 4 juegos a 3, venciendo a los New York Yankees

1967, 4 juegos a 3, venciendo a los Boston Red Sox

1982, 4 juegos a 3, venciendo a los Milwaukee Brewers

2006, 4 juegos a 1, venciendo a los Detroit Tigers

2011, 4 juegos a 3, venciendo a los Texas Rangers

....

Sitio web de los St. Louis Cardinals:
www.mlb.com/cardinals

....

Glosario

arco: un monumento alto y curvo

....

eliminatorias: partidos que juegan los mejores equipos después de una temporada para ver quién será el campeón

....

estadio: un edificio con niveles de asientos para los espectadores

....

rival: un equipo que juega muy duro contra otro equipo

....

título: otra forma de decir campeonato

....

CAMPEONES DE LA WORLD SERIES

El primera base Mark McGwire

Índice

LEE LOS 24 LIBROS DE LA SERIE

WWW.THECREATIVECOMPANY.US

ISBN 978-1-68277-506-6

90000

9 781682 775066

LOS PITTSBURGH PIRATES

Willie Stargell

Oneil Cruz

CREATIVE SPORTS

CREATIVE
PAPER BACKS

JOE TISCHLER